Made in the USA
Middletown, DE
28 December 2021

57226957R00056